# 제인 구달

꿈을 이룬 인물 탐구
# 제인 구달

동물 보호에 앞장서다

수잔 카츠 글 | 린제이 데일 스콧 그림 | 양진희 옮김

㈜교학사 함께자람

## 차례

1장 과학자가 태어나다 → 6

2장 어린 시절 → 12

3장 아프리카로 떠나다! → 20

4장 제인과 침팬지들 → 28

5장 제인 구달 박사 → 36

**6장**
제인이 유명해지다 → 44

52 ← **7장**
세계를 무대로

**8장**
그래서 제인 구달은 어떤 인물인가요? → 60

69 ← 낱말 풀이

##  제인 구달을 만나다

제인 구달은 어린 시절부터 자연을 사랑하는 마음이 남달랐어요. 특히 동물을 사랑하는 마음이 특별했어요. 어느 날인가는 한 손 가득하게 지렁이를 침대로 데려오기도 했어요. 엄마가 지렁이는 흙이 있어야 살 수 있다고 설명해 주자 제인은 곧장 정원으로 달려 나가 지렁이들을 놓아주었어요.

제인의 아빠도 제인이 동물을 얼마나 사랑하는지 알고 있었어요. 그래서 쥬빌리라는 이름을 가진 침팬지 인형을 제인에게 사 주었어요. 제인은 어디를 가든지 쥬빌리를 가지고 다녔어요. 오랜 세월이 지난 오늘날까지도 여전히 쥬빌리를 갖고 있어요.

제인은 자라서 전 세계에서 가장 영향력 있는 동식물 학자들 가운데 한 사람이 되었어요. 제인은 동물을 연구하면서 동물들을 보호하는 데 힘썼어요. 아프리카에 사는 침팬지들의 서식지가 점점 사라진다는 이야기를 듣고 제인은 무슨 일이든 해야겠다고 다짐했어요. 온 힘을 다해 침팬지들을 보호하는 것은 제인이 살아가는 목적이 되었어요.

## 깊이 생각하기

동물들과 동물들의 서식지를 보호하고 지키기 위해 목소리를 높이는 것이 왜 중요한가요?

> " 여러분이 하는 일은 변화를 가져옵니다. 그러므로 여러분은 어떤 변화를 가져오고 싶은지 결정해야만 합니다. "

제인은 침팬지 수가 줄어들거나 **멸종**되는 것을 막기 위해 60여 년 동안 일했어요. 동물을 사랑하는 어린 여자아이였던 제인이 어떻게 역사상 가장 오랫동안 야생 동물 **보존** 활동을 이끌 수 있었는지 알아봅시다!

데이빗 그레이비어드

플로

피피

프로이드

미스터 맥그리거

플린트

##  제인의 영국 생활

　발레리 제인 모리스 구달은 1934년 4월 3일 영국 런던에서 태어났어요. 제인의 여동생 주디는 제인의 네 번째 생일날 태어났어요. 제인이 다섯 살이 되었을 때, 제인의 가족은 프랑스로 이사했어요. 제인의 아빠 모티머와 엄마인 베인은 딸들이 프랑스어를 배우길 원했어요. 하지만 몇 달도 채 지나지 않아 제2차 세계 대전이 일어나, 프랑스는 위험한 곳이 되어 버렸어요.

영국으로 돌아온 제인의 가족은 제인의 아빠가 어린 시절에 살았던 지방으로 이사했어요. 그곳에는 오래된 성이 있었어요. 여기저기 커다란 거미줄이 있고 박쥐들이 무섭게 느껴질 때도 많았지만, 제인은 동생과 함께 성을 탐험하는 걸 좋아했어요!

이사 온 지 얼마 되지 않아, 제인의 아빠는 영국 군대에 입대

하러 떠났어요. 제인과 엄마, 그리고 주디는 버몬스라는 영국의 바닷가 마을에서 할머니와 함께 살게 되었어요.

버몬스는 아름다운 곳이었어요. 제인은 종종 말을 타러 가고, 바닷가를 따라 걸었어요. 또 숲을 쏘다니곤 했어요. 제인은 **관찰력**이 매우 뛰어나고 동물과 지내는 것을 좋아했어요. 제인은 좋아하는 나무 아래에서 책을 읽으며 집 가까운 곳에서 모험을 즐겼어요. 제인은 그때까지만 해도 자연을 사랑하는 마음으로 인해 훗날 침팬지 지킴이가 될 거라는 건 상상도 하지 못했어요.

언제인가요?

| 제인이 영국 런던에서 태어나다. | 제인의 여동생 주디가 제인의 네 번째 생일날 태어나다. | 제인의 가족이 프랑스로 이사하다. 제2차 세계 대전이 일어나다. |

4월 3일
1934 ── 1938 ── 1939

2장

어린 시절

## 🍃 동물들의 가장 좋은 친구

제인은 바다 가까이에 사는 것을 좋아했어요. 제인의 엄마는 가끔 딸들을 시골에 있는 친척집 농장에 데려가곤 했어요. 네 살이 된 제인은 호기심이 많아졌어요. 제인은 암탉들이 어떻게 알을 낳는지 알고 싶었어요. 그래서 닭장에 앉아서 기다렸어요. 암탉은 몇 시간이 지나서야 닭장으로 들어와 자리를 잡고 앉았어요. 제인은 암탉을 지켜보며 기다렸어요. 마침내 암탉이 씰룩거리며 알을 낳았어요. 제인은 숨을 쉴 수 없을 만큼 기뻤어요. 처음으로 동물을 주의 깊게 관찰한 것이었어요. 제인은 집으로 달려가 엄마에게 닭장에서 본 것을 하나도 빠뜨리지 않고 이야기했어요.

제인의 엄마는 제인을 도서관에 데리고 갔어요. 도서관에서 제인은 휴 로프팅이 지은 『둘리틀 박사 이야기』라는 책을 보게 되었어요. 제인은 둘리틀 박사가 동물들과 대화하는 것을 무척 좋아해서 그 책을 읽고 또 읽었어요. 『둘리틀 박사 이야기』 다음으로 제인은 『정글북』과 『타잔』 시리즈를 읽었어요. 제인은 타

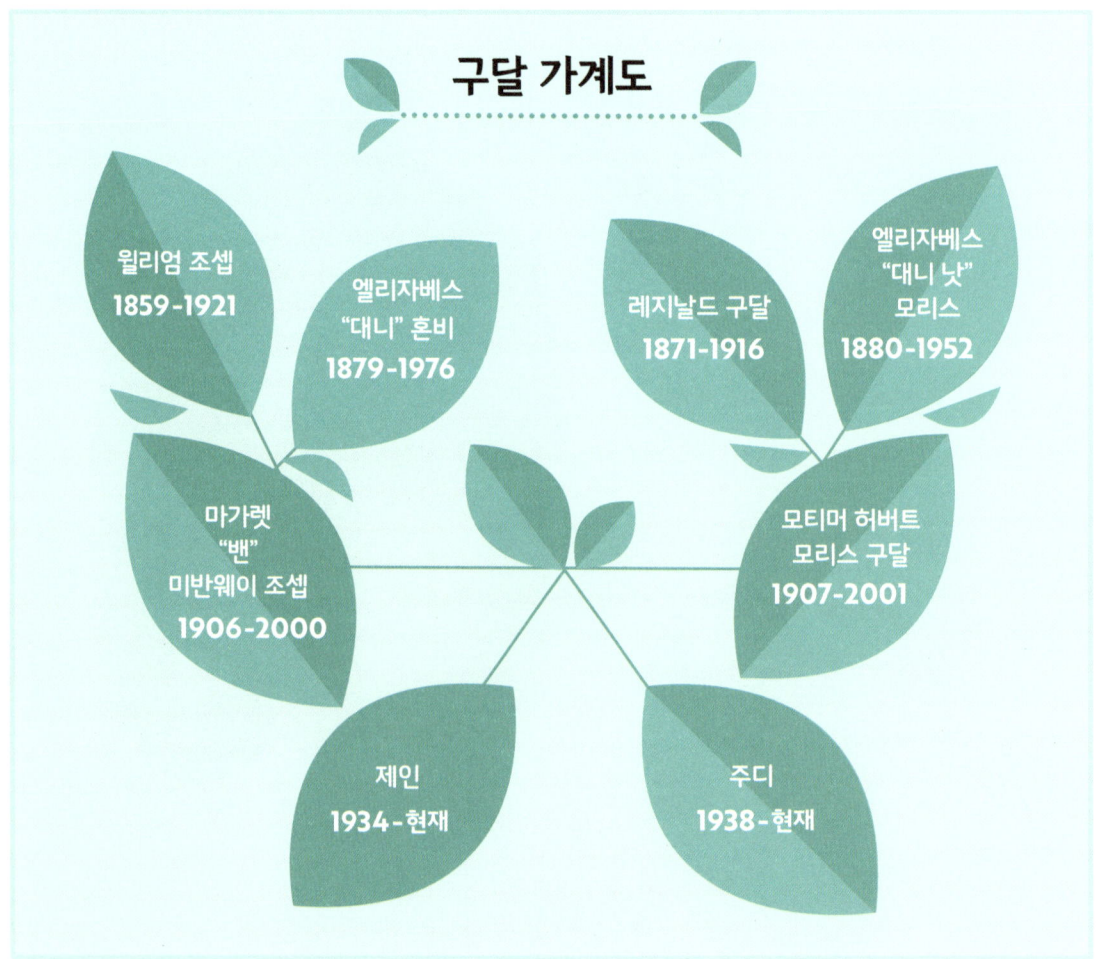

잔이 잘못한 단 한 가지는 자신이 아닌 다른 제인과 결혼한 것이라고 생각할 정도였어요!

제인은 그만큼 타잔의 영향을 많이 받았어요. 제인은 여덟 살이 되자 아프리카에서 동물들과 일하는 꿈을 갖게 되었어요.

제인은 집 가까운 곳에서 야생 동물 관찰하는 것을 좋아했어요. 그래서 제인은 여동생과 이웃에 사는 여자 친구 두 명과 함께 '앨리게이터 클럽'이라는 자연 관찰 모임을 만들었어요. 제인과 클럽 친구들은 『앨리게이터 매거진』이라는 잡지를 만들어 동물에 관한 내용을 소개하기도 했어요.

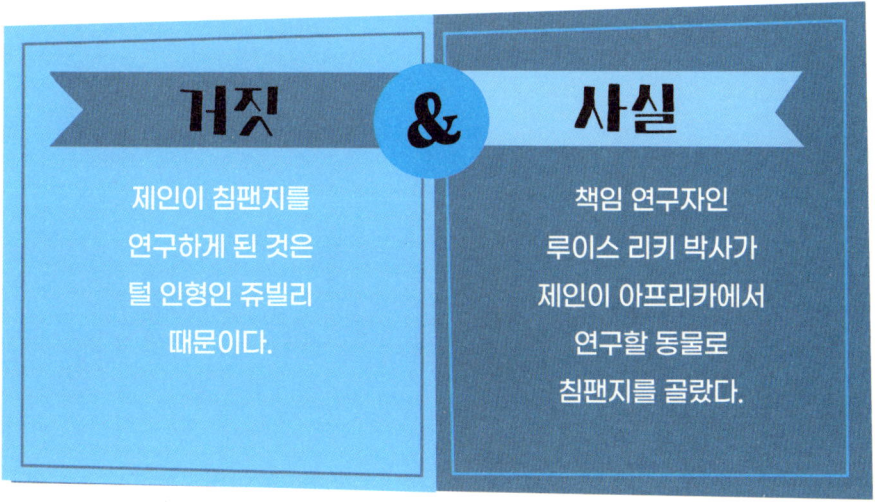

거짓: 제인이 침팬지를 연구하게 된 것은 털 인형인 쥬빌리 때문이다.

사실: 책임 연구자인 루이스 리키 박사가 제인이 아프리카에서 연구할 동물로 침팬지를 골랐다.

##  아프리카를 꿈꾸다

제인은 생명체를 다루는 생물학을 좋아했어요. 제인은 매우 똑똑해서 언제나 반에서 최고였어요. 그런데 제인이 고등학교를 졸업할 때까지만 해도, 여자들이 가질 수 있는 직업이 많지 않았어요.

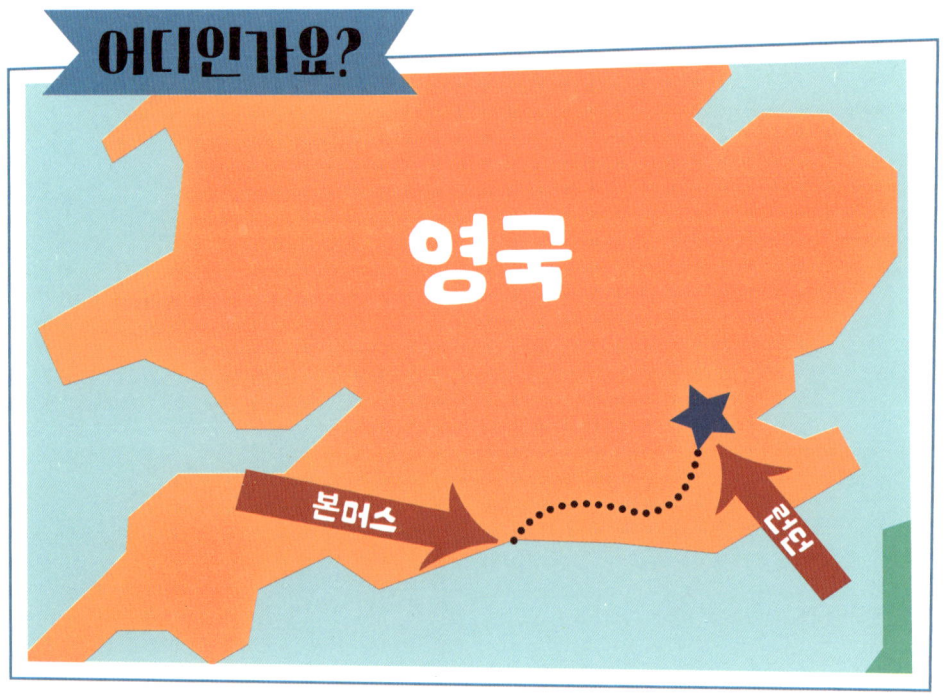

## 깊이 생각하기

집중력을 유지하는 것은 여러분이 목표에 도달하는 데 어떤 도움이 되나요? 여러분은 언젠가 도달하고 싶은 목표가 있나요? 있다면 그 목표는 무엇인가요?

제인은 엄마가 런던에 있는 학교에 가서 비서가 되라고 제안하자 엄마의 말을 따랐어요.

그렇지만 비서 일은 재미없고 지루하다는 생각이 들었어요.

제인은 그녀의 꿈인 아프리카를 여행하며 동물들을 **연구**하고 싶다는 생각이 머릿속에서 떠나지 않았어요. 그러던 어느 날, 어릴 적 학교 친구인 클로에게서 편지 한 통을 받았어요. 아프리카에서 살고 있는 친구는 제인에게 케냐로 자기를 보러 오라고 초대했어요.

제인은 아프리카 케냐로 친구를 보러 가려면, 제일 먼저 표를 살 돈을 벌어야 했어요.

## 언제인가요?

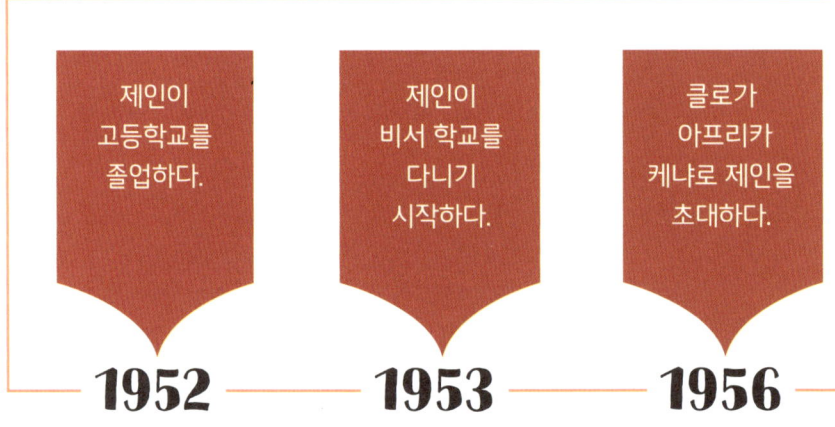

제인은 돈을 벌기 위해 곧바로 비서 일을 그만두고 고향으로 돌아갔어요.

제인은 식당 종업원으로 일을 시작했어요. 그리고 다섯 달 동안 열심히 일해서 아프리카로 가는 표를 살 수 있을 만큼의 돈을 모았어요!

제인은 마침내 아프리카에서 동물들과 일하는 꿈을 이룰 첫 걸음을 내딛게 되었어요.

##  모험이 부르다

1957년 3월 13일, 제인은 영국과 아프리카를 오가는 케냐 캐슬호라는 배에 올랐어요. 배를 타고 3주간의 긴 항해 끝에 케냐에 도착했어요. 케냐의 수도인 나이로비까지는 기차로 이틀이

**어디인가요?**

본머스
공베
케냐

걸렸어요. 제인은 4월 3일에 친구인 클로와 클로의 가족들이 기다리고 있던 나이로비에 도착했는데, 그날은 바로 제인의 스물세 번째 생일이었어요.

클로네 농장으로 가는 길에 제인은 처음으로 아프리카에 사는 동물을 가까이에서 보게 되었어요. 검은 눈이 아름답고 속눈썹이 긴 기린을 보았어요. 제인은 감탄했어요!

제인은 클로네 농장에서 3주 동안 머물며 꿈같은 시간을 보냈어요. 농장을 떠나고 싶지 않았지만 나이로비에서 새로 찾은 비서 일을 시작해야 했어요.

나이로비에 머문 지 얼마 지나지 않아, 제인의 친구들은 제인에게 아프리카의 동물들을 연구하고 싶다면, 루이스 리키 박사를 만나 보는 것이 좋겠다고 말했어요.

리키 박사는 **인류학**과 **고생물학**을 연구한 과학자였어요. 마침 리키 박사의 조수가 그만두어서 연구를 도와줄 사람이 필요했어요. 리키 박사는 제인이 아프리카의 동물들에 대해 얼마나 잘 알고 있는지를 알게 되자, 그 자리에서 조수로 채용했어요!

어느 날, 리키 박사는 제인에게 탄자니아의 호숫가에 살고 있는 침팬지 무리에 대해 이야기했어요. 그때까지 야생에서 침팬지들을 가까이에서 연구한 사람은 아무도 없었어요. 침팬지와 인간이 얼마나 많은 공통점을 갖고 있는지 알고 있던 리키 박사는 침팬지들의 생활 방식을 자세히 알아보고 싶어서 제인에게 연구를 제안했어요.

---

### 깊이 생각하기

여러분이 하고 싶은 어떤 일들은 무서워 보일 수도 있지만 그 일을 하고 나면 그만한 가치가 있어요. 처음엔 무서웠지만 여러분이 두려움을 마주할 가치가 있었던 일에는 어떤 것들이 있나요?

제인에게 침팬지들의 생활 방식을 연구하는 일은 큰 휴식과 같았어요!

리키 박사는 제인이 얼마나 끈기 있고 관찰력이 좋은지 알고 있었어요.

제인은 **열대 우림**에서 오랜 시간을 보내며 침팬지들을 주의 깊게 지켜보며 관찰한 것들을 기록했어요.

리키 박사는 제인이 과학자에게 필요한 교육을 받지는 않았지만 이 일에 딱 알맞은 사람이라는 것을 알았어요. 이 작업으로 제인의 꿈이 이루어졌지만, 야생 동물들과 밀림에서 사는 것은 위험한 일이었어요.

## 곰베에 온 것을 환영하다

1960년대에는 여성 과학자들이 많지 않았어요. 여성들이 가질 수 있었던 직업은 선생님, 간호사, 비서 그리고 식당 종업원과 같은 일들뿐이었어요.

제인은 다른 사람들이 자신에게 밀림에서 야생 동물들을 관찰하는 일을 할 수 없을 거라고 하는 말에 신경 쓰지 않았어요. 오로지 침팬지를 연구하고 싶었어요.

> **어린 시절부터 나는 아프리카에서
> 야생 동물과 어울려 숲에서 사는 꿈을 꾸었어요.
> 나는 정말로 내가 꿈꾼 대로
> 살고 있다는 것을 갑자기 깨달았어요.**

공무원들은 제인이 혼자서 침팬지를 연구하는 것은 위험하다고 생각했어요. 그래서 제인의 엄마가 탄자니아에 있는 동물 보호 구역인 곰베에 제인을 따라가기로 했어요. 곰베는 제인이 침팬지를 연구하기로 한 지역이었어요. 1960년 7월 16일, 제인과 제인의 엄마는 곰베를 향해 출발했어요.

제인은 빌려 온 쌍안경으로 멀찌감치 떨어진 곳에서 침팬지들을 관찰했어요.

제인은 하루도 빠짐없이 울창한 숲을 용감하게 헤집고 다녔어요. 숲속에서 침팬지를 찾아다니는 동안 줄곧 가시덩굴과 뱀 그리고 무는 파리들을 조심해야만 했어요. 어떤 날엔 침팬지 몇 마리를 발견했는데 그 침팬지들이 제인이 있는 것을 눈치채고 도망가는 것을 지켜보기만 했어요!

제인은 침팬지들에게 더 가까이 가서 자세히 관찰하고 싶었지만, 어떻게 해야 할지 아직 방법을 알지 못했어요.

## 언제인가요?

| 제인이 리키 박사의 조수가 되다. | 제인이 탄자니아의 곰베에서 일을 시작하다. |
|---|---|
| **1957** | **1960** |

하지만 침팬지들이 어떻게 놀고, 먹고, 친구들을 사귀는지 보는 것만으로도 아주 기뻤어요.

제인은 리키 박사가 생각한 것처럼 인간과 침팬지가 닮았다는 것을 속속들이 알게 되었어요.

그러면 제인은 어떻게 인간과 침팬지가 닮았다는 것을 증명할 수 있었을까요?

4장

제인과 침팬지들

## 주위 환경과 어우러지기

곰베에서 연구를 시작한 지 6주쯤 되었을 때, 제인과 엄마는 둘 다 **말라리아**라는 병에 걸려 심하게 앓았어요. 두 사람은 2주 동안 고열과 오한으로 고생했어요. 식사를 준비해 주던 요리사인 도미니크가 두 사람이 건강을 회복하도록 간호를 해 주었어요. 제인은 병이 조금 낫자, 침팬지를 관찰하기 위해 다시 밀림 속을 다니기 시작했어요. 이번에는 그 지역 사람들이 제인에게 아돌프라는 정찰병을 소개해 주어 안내원으로 같이 다니게 되었어요. 제인과 아돌프는 주위 환경과 어우러지도록 황갈색 옷을 입어 **위장**했어요.

제인은 언덕 위에서 나무들 사이에 앉아 쌍안경

으로 침팬지들을 관찰하면서 기록을 이어 갔어요. 제인은 계속 같은 침팬지들을 관찰하면서 각각에게 이름을 붙여 주었어요. 침팬지가 사람과 매우 비슷하게도 각자 자기만의 특성을 갖고 있다고 느꼈기 때문이지요.

제인은 그동안 관찰하면서, 침팬지들도 화를 내거나 슬픔이나 행복을 느끼고, 질투를 하는 등 인간과 똑같은 다양한 감정들을 갖고 있다는 것을 알게 되었어요. 또한 침팬지들을 더 오랫동안 관찰하면, 그 점을 증명할 수 있을 거라고 생각했어요.

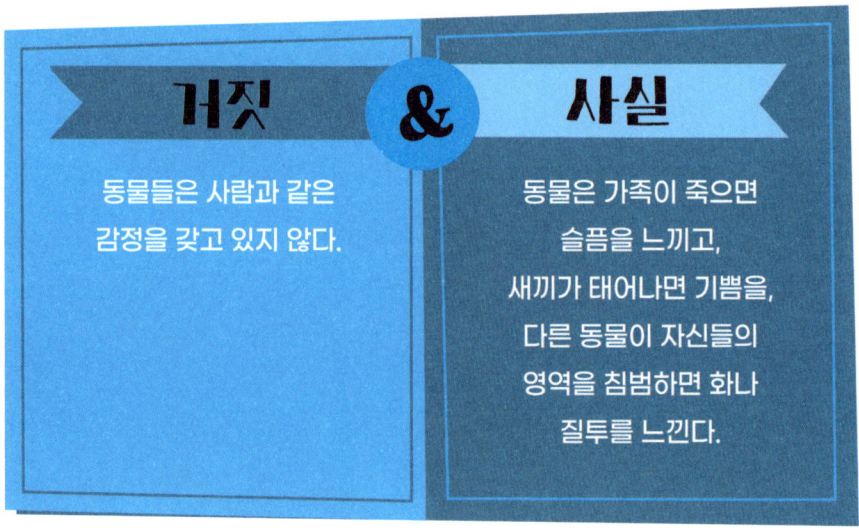

어느 날, 수컷 침팬지가 제인의 캠프에 와서 바나나를 훔쳐 갔어요. 그래서 제인은 침팬지들의 관심을 끌기 위해 더 많은 바나나를 놓아두었어요. 캠프에 다시 찾아온 침팬지들은 **공격적**으로 행동했어요. 바나나뿐만이 아니라 물어뜯을 수 있는 담요와 셔츠, 그리고 베개를 훔쳐 갔어요. 그렇지만 제인은 무서워하지 않았어요. 영리한 제인은 먹이 장소를 연구 캠프에서 멀리 떨어진 곳에 마련해 두어 안전하게 침팬지들의 행동을 관찰할 수 있었어요.

## 데이빗 그레이비어드 그리고 친구들

며칠 후, 회색 수염의 나이 든 침팬지가 제인을 향해 자기한테 가까이 오라는 듯한 몸짓을 했어요.

제인은 그 침팬지에게 '데이빗 그레이비어드(회색 수염)'라는 이름을 붙여 주었어요.

제인은 과일 한 조각을 내밀었어요. 데이빗 그레이비어드는 과일을 잡으려고 하면서, 제인의 손에 자기 손가락들을 가만히 놓더니 손을 잡았어요. 제인에게 마법 같은 일이 일어난 순간이었어요!

그러던 어느 날, 제인은 데이빗 그레이비어드가 기다란 풀 줄기를 쥐고 흰개미 집을 찌르고 있는 모습을 보았어요. 그 침팬지는 흰개미를 잡기 위해 풀 줄기를 도구로 사용하고 있었어요. 풀 줄기를 이용하여 흰개미를 잡아서 먹어 왔던 거예요. 이것은 **획기적**인 발견이었어요!

제인이 관찰하기 전까지, 과학자들은 인간만이 도구를 만들어서 사용한다고 생각했거든요. 제인은 자기가 발견한 것을 곧바로 리키 박사에게 **전보**를 쳐서 알렸어요.

제인은 데이빗 그레이비어드가 속해 있는 공동체의 다른 침팬지들을 관찰했어요. 제인은 침팬지들을 각각의 **특성**과 성격으로 구별했어요.

골리앗은 외향적이고 모험을 좋아했어요. 골리앗은 그 당시 무리에서 가장 힘이 센 수컷이었어요.

무리에서 가장 나이가 많은 암컷인 플로는 전구 모양을 한 코가 크고 귀가 많이 해어졌어요.

제인이 맨 처음 만난 침팬지들 가운데 하나인 미스터 맥그리거는 자주 심통을 부렸어요. 그래서 『피터 래빗 이야기』에 나오는 괴팍한 정원사를 본 떠 이름을 지었어요.

침팬지들의 공동체가 제인을 믿기 시작하자, 제인은 훨씬 더 가까이 다가가 침팬지들을 관찰할 수 있었어요. 심지어 침팬지

---

**─깊이─
생각하기**

제인이 데이빗 그레이비어드가 인간처럼 도구를 사용하는 것을 관찰한 것이 왜 중요하다고 생각하나요?

들이 주고받는 신호를 따라하는 방법도 배웠어요. 제인은 둘리틀 박사가 그랬던 것처럼 야생 동물과 이야기를 하게 되었어요! 제인의 어린 시절 꿈이 이루어지고 있었어요.

하지만 침팬지들은 위험한 상황에 놓여 있었어요. 벌목꾼들이 침팬지들의 **서식지**를 파괴하고, **밀렵꾼**들이 침팬지들을 죽이기까지 했어요!

제인은 자신이 침팬지들을 보호해야 한다고 생각했어요.

## 언제인가요?

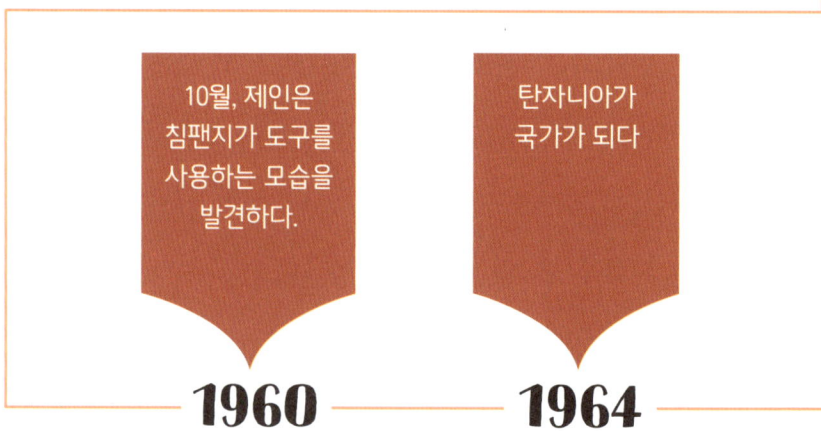

침팬지들을 도울 수 있는 가장 좋은 방법은 침팬지를 계속 연구하고 알려서 전 세계의 더 많은 사람들이 침팬지의 서식지를 지키기 위해 노력하게 만드는 것이었어요.

## 내셔널 지오그래픽

제인이 연구하고 발견한 것이 영국과 미국에 알려지자, 과학자들은 제인이 한 연구를 인정하려고 하지 않았어요. 오히려 사실이 아니라고 했어요. 왜냐하면 제인이 여자이며 정식으로 과학 교육도 받지 않았고, 대학교도 다니지 않았기 때문이었어요. 전문 지식이 부족한 사람이라고 무시했던 것이었어요.

그런데 지구를 탐험하고 보존하기 위해 세워진 유명한 단체인 내셔널 지오그래픽 협회에서 제인의 업적에 관심을 보였어요.

내셔널 지오그래픽 협회에서 제인과 리키 박사에게 침팬지 연구를 돕기 위한 지원금을 주기로 결정했어요. 뿐만 아니라 제인과 침팬지들의 사진을 찍고 영화로 제작하기 위해 휴고 반 라윅이라는 사진작가를 아프리카로 보냈어요.

처음에 제인은 다른 사람이 자기와 함께 일하는 것을 원하지 않았어요. 침팬지들은 제인을 믿고 따랐어요. 제인은 침팬지들이 낯선 사람 때문에 겁먹게 되는 걸 원치 않았지요. 하지만 침팬지들과 함께 있는 제인을 촬영하기 위해 휴고가 곰베에 왔을 때, 제인이 걱정했던 것과는 달리 휴고가 금세 침팬지 무리와 가까워지는 것을 보았어요. 매우 가까운 친구가 된 두 사람은 사랑에 빠져 마침내 결혼을 했어요.

1963년 8월, 내셔널 지오그래픽은 제인이 쓴 '야생 침팬지들과 함께하는 나의 인생'이라는 기사를 실었어요. 휴고가 찍은 사진들이 함께 실렸고요. 이 기사가 발표되자, 과학자들은 더 이상 제인이 발견한 것을 무시할 수 없었어요. 제인과 제인의 침팬지들은 세계적으로 유명해졌어요!

## 🍃 대학 생활 🍃

제인이 침팬지에 대해 발견한 내용들이 널리 알려지면서, 리키 박사는 제인이 대학에 들어가서 과학 분야의 학위를 갖는 것이 중요하다고 생각했어요. 제인이 이미 밀림에서 여러 해 동안 침팬지를 연구했으므로, 리키 박사는 제인이 케임브리지 대학의 **박사 학위** 과정을 밟도록 도와줄 수 있었어요. 리키 박사는 제인이 박사 학위를 받으면 과학자들이 제인을 더욱더 인정해 줄 거라고 믿었어요.

1962년에 제인은 케임브리지 대학에서 공부를 시작했어요. 학업을 시작하자마자 교수들은 제인이 모든 것을 잘못하고 있다고 말했어요! 교수들은 제대로 된 과학자들은 동물을 이름이 아니라 숫자로 분류한다고 말했어요. 하지만 제인은 동물들이 성격과 생김새만 다를 뿐 사람과 똑같다는 것을 알고 있었어요. 어린 시절 러스티라는 이름의 개와 함께 자라면서, 제인은 동물에게 이름을 지어 주는 것이 얼마나 중요한지 배웠거든요.

다른 많은 학생들과 교수들이 동물을 공부하는 방법을 이야기했지만, 실제로는 야생에서 동물을 연구한 적이 없었어요. 제인은 새로운 것들을 배우면서, 다른 과학자들에게 자신이 관찰한 것을 가르쳐 주기도 했어요.

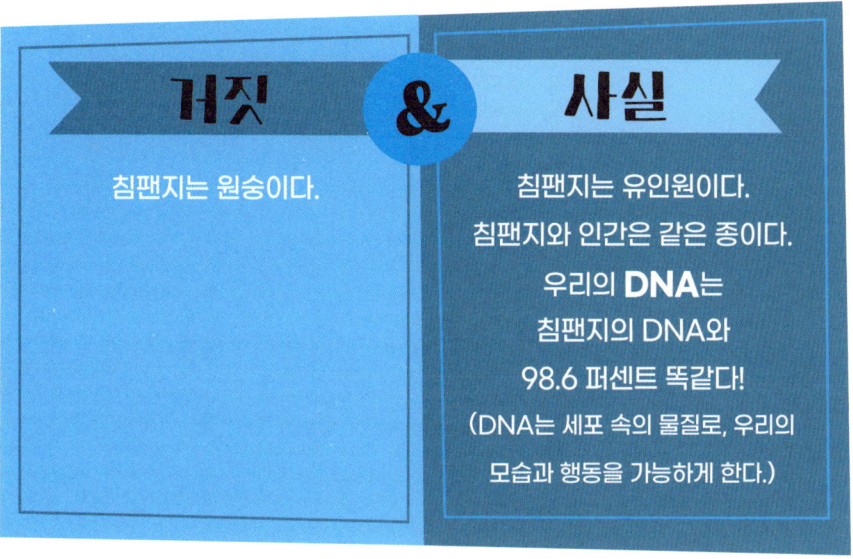

케임브리지 대학에 다니는 동안, 제인은 미스터 맥그리거, 데이빗 그레이비어드, 골리앗 그리고 플로를 그리워했어요. 제인은 곰베로 돌아가는 것을 언제까지 기다리고만 있을 수는 없었어요.

제인은 가능할 때면 언제든지 아프리카로 침팬지 무리들을 보러 갔어요.

1964년, 플로는 수컷 새끼를 낳았는데, 제인은 새끼 침팬지에게 플린트라는 이름을 지어 주었어요.

제인은 1965년 **동물 행동학**으로 박사 학위를 받았어요. 제인의 졸업 논문은 야생 침팬지의 행동에 관한 것이었어요.

제인은 침팬지와 같은 영장류를 연구하는 **영장류 동물학자**가 되었어요.

제인은 침팬지들이 어떻게 먹고, 놀고, 싸우고, 소통하고, 사랑하며 서로 보호해 주는지에 대해 썼어요. 제인은 침팬지들이 **잡식성 동물**이라고 설명했어요. 풀과 고기를 모두 먹는다는 뜻이에요. 또한 침팬지들이 나뭇잎으로 만드는 잠자리에 대해서도 썼어요.

제인이 열심히 일한 보람이 있었어요. 제인은 사회에서 이제 제인 구달 박사로 인정받게 되었어요!

## 언제인가요?

**1962** 제인이 케임브리지 대학에서 박사 학위 과정을 시작하다.

**1963** 『내셔널 지오그래픽』에 제인의 기사가 실리다.

**1964** 제인이 휴고와 결혼하다. 플로가 플린트를 낳다.

**1965** 제인이 케임브리지 대학에서 박사 학위를 받다.

##  그리운 고향 아프리카

제인은 박사 학위를 받은 후, 연구소를 열고 싶다는 더 큰 꿈을 안고 곰베로 돌아갔어요.

제인은 내셔널 지오그래픽 협회에 자신이 연구소를 설립하는 데 필요한 자금을 지원해 달라고 부탁했어요!

전 세계에서 학생들이 제인과 함께 공부하기 위해 연구소를 찾아왔어요.

1965년, 제인은 자신이 작업하는 것을 방영한 한 시간짜리 텔레비전 방송에 출연하고 난 후 더 유명해졌어요.

그런데 1966년 안타깝게도 침팬지 몇 마리가 **소아마비**에 걸렸어요. 소아마비는 걷거나 움직이기 어렵게 만드는 병이에요. 제인은 한시바삐 침팬지들을 도와야 한다고 생각했어요!

제인은 침팬지들의 긴박한 상황을 널리 알리기로 결심했어요.

휴고와 결혼한 제인이 1967년에 아들을 낳으면서 제인의 삶이 달라졌어요. 아기의 이름은 휴고 에릭인데 모두들 그루브라는 애칭으로 불렀어요.

　제인은 아침에 다른 누군가가 아들 그루브를 돌보는 동안 연구 보고서를 썼어요. 오후에는 그루브와 함께 놀면서 수영을 가르치곤 했어요.

　제인은 엄마로서의 생활도 행복했지만, 혼자 침팬지들을 관찰하며 밀림을 헤집고 다녔던 날들이 그립기도 했어요.

> 내가 침팬지들을 관찰한 덕분에
> 조금 더 나은 엄마가 되었다는 것도
> 의심할 여지가 없지만, 엄마로서의 경험이
> 내가 침팬지의 행동을 좀 더 잘 관찰하도록
> 도움을 주었다는 점도 알게 되었어요.

# 침팬지들 사이에
# 생긴 변화

1971년, 놀라운 일이 일어났어요. 침팬지들 사이에 분열이 생기기 시작하더니 두 그룹으로 갈라진 거예요. 한 그룹은 북쪽에, 다른 그룹은 남쪽에 자리를 잡았어요.

몇 년이 지난 1974년, 북쪽에서 온 침팬지들이 남쪽에서 온 혼자 있는 침팬지를 공격하기 시작했어요. 제인은 침팬지들이 서로 상처를 주기도 한다는 것을 처음으로 알게 됐어요. 이렇게 공격성을 보이던 시기가 1974년부터 1978년까지 지속되었는데, 이를 4년 전쟁이라고 불렀어요.

4년 전쟁이 시작되기 바로 전인 1972년, 리키 박사가 세상을 떠났어요. 리키 박사가 돌아가셨지만, 제인은 침팬지들을 돕기 위해 더 열심히 일해서 연구소를 탄탄하게 유지해 나가야겠다고 마음먹었어요.

제인은 자신이 하고자 하는 일의 기금을 모금하러 세계 여러 곳을 찾아다녔어요. 기금 모금을 하러 다니느라 가족과 떨어져 지내게 되면서 휴고와 제인은 사이가 멀어졌어요. 이후 두 사람은 이혼을 했지만 가까운 친구로 지내며 함께 아들 그루브를 키웠어요.

침팬지 4년 전쟁 후, 곰베에서의 상황이 나빠져서 제인이 그곳에 살면서 일하는 것이 너무 위험해졌어요.

## 깊이 생각하기

여러분은 왜 침팬지들이 사람들처럼 싸운다고 생각하나요?

### 어디인가요?

바로 그 시기에 제인은 탄자니아 국립 공원 관리 책임자인 데릭 브라이세슨을 만났어요. 연구소를 계속 유지하기 위해 함께 일하면서, 두 사람은 사랑하게 되었고 곧 결혼했어요.

## 언제인가요?

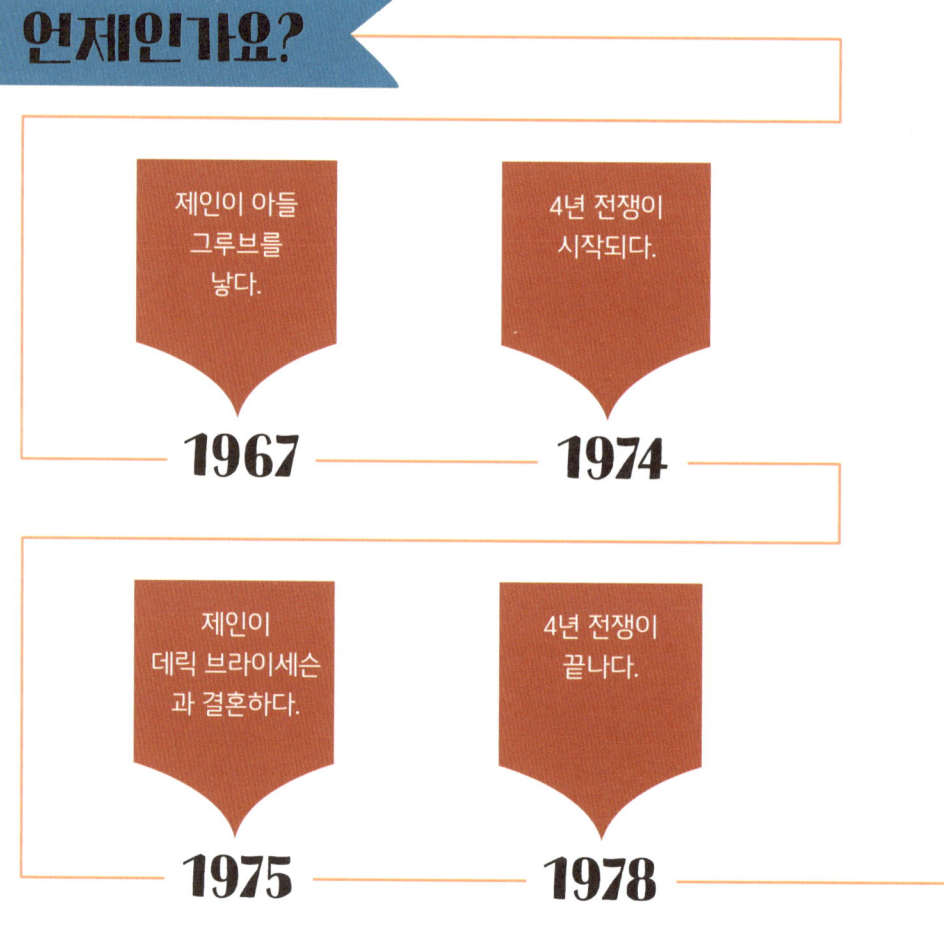

제인이 아들 그루브를 낳다.
1967

4년 전쟁이 시작되다.
1974

제인이 데릭 브라이세슨과 결혼하다.
1975

4년 전쟁이 끝나다.
1978

얼마 지나지 않아, 제인과 그루브는 데릭과 함께 지내기 위해 다르에스살람이라는 도시로 이사했어요. 제인은 더 이상 곰베에 살지 않지만, 자신의 침팬지들을 포기한 것은 아니었어요.

제인은 제인 구달 연구소를 세우고, 탄자니아 지역의 연구자들을 받아들여 자신의 중요한 작업을 계속해 나갔어요.

## 침팬지들 구하기

곰베에서 침팬지들과 보내는 시간은 줄었지만, 제인은 변함없이 침팬지와 침팬지들의 서식지를 보호하기 위해 온 힘을 다했어요. 하지만 지역 주민들 중에는 침팬지를 몰래 사냥하는 사람들이 있었어요. 게다가 그들은 침팬지들이 살고 있는 숲을 베어 내고 있었어요.

## 깊이 생각하기

여러분은 멸종 위기 동물을 보호하는 데 왜 법이 중요하다고 생각하나요?

야생에 사는 침팬지의 수가 점점 줄어들고 있었어요. 제인은 **활동가**가 되기로 했어요.

제인은 정부가 침팬지들을 보호하도록 하기 위해 연설을 하고 행진을 하면서 침팬지들을 지키기 위해 일했어요.

1980년 제인의 남편 데릭이 암으로 세상을 떠났어요. 제인은 너무 슬펐어요. 혼자가 된 제인은 곰베로 돌아가 침팬지들을 관찰하면서 지내기로 했어요. 곰베에서 침팬지들과 지내면서 마음이 많이 안정되었어요.

1984년, 제인은 '침팬주'를 설립했는데, 동물원의 침팬지들이 좀 더 넓은 공간에서 활동할 수 있게 하여 활동적이고 건강하게 지낼 수 있도록 도와주는 국제적인 연구 프로그램이에요. 2년 후인 1986년, 제인은 『곰베의 침팬지들』이라는 책을 출간했어요. 『곰베의 침팬지들』이 나오고 난 후, 제인은 '침팬지 보살핌과 보존 위원회(CCCC)'를 구성할 수 있었어요. 침팬지 보존 위원회는 미국에서 **멸종 위기종** 법안의 통과를 이끌었어요. 침팬지를 보호하는 것을 돕기 위해 CITES(멸종 위기에 처한 야생 동식물의 국제 거래에 관한 협약)라는 국제 조약도 만들어졌어요. 이러한 전 세계 국가들 간의 협정 덕분에 동물이 불법으로 또는 안전하지 않게 거래되는 것을 막을 수 있어요. 1990년까지 침팬지들은 서식지가 줄어들면서 멸종 위기 동물로 분류되었어요.

제인은 침팬지가 완전히 사라지게 내버려 둘 수 없었어요. 침팬지들은 제인의 가족이었으니까요. 제인은 미국과 아프리카의 정부들과 함께 일하며 침팬지들을 보호종 목록에 올렸어요.

침팬지를 구하자는 메시지를 널리 전하기 위해, 제인은 세계 여러 나라를 다니며 연설하기 시작했어요. 제인은 어느 곳에서든 3주 이상 머물지 않았어요.

## 제인이 하는 일

1991년, 제인은 '뿌리와 새싹'이라는 환경 운동 모임을 시작했어요. 이 모임은 환경을 개선하기 위해 나무를 심고 그 다음 단계로 나아가는 방법을 젊은 사람들에게 보여 주어, 모든 지역의 어린이나 청소년에게 변화를 가져오도록 도와줘요. 오늘날 100여 개의 나라 사람들이 '뿌리와 새싹' 모임에 참여하고 있어요. 미국에만도 약 2천여 개의 모임이 있어요.

1994년, '돌보기 프로그램'을 시작하여 탄자니아가 환경을 개

선시킬 방법을 찾게 해 주었어요. 이 프로그램에 참여한 사람들은 아프리카에 백만 그루가 넘는 나무를 심어 침팬지들이 살 수 있는 숲으로 새롭게 키워 가고 있어요.

> **젊은 사람들이 있어서
> 오늘날 내가 미래에 대해
> 큰 희망을 가질 수 있어요.**

제인 구달 박사는 살아오는 동안 침팬지들의 친구였을 뿐만 아니라, 침팬지들을 구하기 위해 끊임없이 노력한 사람이에요.

## 언제인가요?

**1980** — 데릭이 암으로 죽다.

**1986** — 제인이 『곰베의 침팬지들』을 출간하다.

**1990** — 침팬지들이 멸종 위기 동물로 선포되다.

**1991** — 제인이 '뿌리와 새싹' 모임을 시작하다.

**1994** — 제인과 친구들이 돌보기 프로그램을 만들다.

제인이 열심히 일하지 않았다면, 아프리카 침팬지들은 아마도 멸종했을 거예요. 오늘날 제인은 여전히 침팬지들과 또 다른 멸종 동물들을 위해 투쟁하면서 대부분의 시간을 보내고 있어요. 제인은 제인 구달 연구소를 통해 침팬지 연구와 서식지 보호를 위한 기금을 모금하고 있어요.

우리의 행성인 지구가 위험한 변화에 맞닥뜨려 있으므로, 제인은 세계를 순방하며 침팬지들을 위하여, 그리고 살아 있는 모든 동물을 대변하여 연설을 해요. 제인은 종종 침팬지의 인사말로 강의를 시작하곤 해요.

제인은 어느 곳에서든 데이빗 그레이비어드, 플로, 플린트, 그리고 다른 침팬지들의 이야기를 청중들에게 들려줘요. 제인은 더 많은 사람들이 침팬지를 비롯하여 멸종 위기 동물을 보호하기 위해 함께 행동해 나가기를 원해요. 1957년 처음 아프리카에 여행을 간 후 60여 년이 넘는 동안, 제인은 변함없이 침팬지를 지키는 수호자예요!

# 8장

그래서
제인 구달은
어떤 인물인가요?

# 도전 퀴즈

제인의 인생과 발자취를 모두 배운 지금, '누가, 무엇을, 언제, 어디서, 왜, 그리고 어떻게' 퀴즈로 새롭게 알게 된 내용을 간단히 점검해 봅시다. 필요하면 본문을 다시 읽고 답을 찾아도 돼요. 하지만 먼저 기억을 떠올려 보세요!

 제인은 어디에서 태어났나요?

→ ① 탄자니아, 곰베
→ ② 프랑스, 파리
→ ③ 영국, 런던
→ ④ 미국, 샌프란시스코

 제인이 여동생, 이웃 친구들과 만든 자연 관찰 클럽의 이름은 무엇인가요?

→ ① 침팬지 클럽
→ ② 앨리게이터 클럽
→ ③ 키즈 클럽
→ ④ 랫 클럽

 제인이 어렸을 때, 어떤 동물이 알을 낳는 것을 관찰했나요?

→ ① 암탉
→ ② 뱀
→ ③ 거미
→ ④ 오리

 제인이 처음 가진 직업은 무엇이었나요?

→ ① 식당 종업원
→ ② 비서
→ ③ 과학자
→ ④ 엄마

 맨 처음에 제인은 어떻게 아프리카에 갔나요?

→ ① 비행기를 타고
→ ② 자동차를 타고
→ ③ 기차를 타고
→ ④ 배를 타고

 누가 처음에 제인과 함께 곰베에 갔나요?

→ ① 사진작가 휴고
→ ② 국립 공원 관리자 데릭
→ ③ 제인의 엄마 밴
→ ④ 제인의 여동생 주디

 제인의 침팬지 친구들의 이름은 무엇인가요?

→ ① 오스카, 빅버드, 엘모
→ ② 데이빗 그레이비어드, 골리앗, 플로
→ ③ 도라, 디에고, 부츠
→ ④ 쥬빌리, 페니, 러스티

 제인은 침팬지들이 사람들의 어떤 행동과 똑같이 하는 것을 발견했을 때 과학계를 놀라게 했나요?

→ ① 새끼 낳기
→ ② 바나나 먹기
→ ③ 도구를 만들어서 사용하기
→ ④ 싸우기

 제인이 침팬지들과 같이 보낸 지역은 어디인가요?

→ ① 탄자니아, 곰베
→ ② 탄자니아, 다르에스살람
→ ③ 영국, 런던
→ ④ 미국, 시카고

 **제인은 1991년에 어떤 단체를 세웠나요?**

→ ① 뿌리와 새싹
→ ② 돌보기 프로그램
→ ③ 침팬지 보살핌과 보존 위원회
→ ④ 침팬주

답 1.③, 2.②, 3.①, 4.②, 5.④, 6.③, 7.②, 8.②, 9.①, 10.①

# 우리의 세상

제인의 삶과 연구가 우리들의 세상을 바꾸어 놓았어요.
그동안 제인의 활동으로 어떻게 변화되었는지 살펴봅시다.

➡ 침팬지들은 멸종 위험에 처한 다른 동물들과 함께, 미국 멸종 위기종 법안의 보호를 받고 있어요. 점박이올빼미, 멕시코늑대, 날다람쥐 그리고 몇몇 종류의 순록들을 포함하여 사냥이 금지된 동물들이 많이 있어요. 멸종 위기에 처한 야생 동식물의 국제 거래에 관한 협약(CITES)에 따라 전 세계 동물들의 거래를 규제하고 통제해요.

➡ 뿌리와 새싹 같은 활동을 통해 어린이들에게 어떻게 나무를 심어 자연환경을 보호하는지 보여 줌으로써 전 세계 어린이들이 환경을 보존하도록 도와주고, 사람들에게 멸종 위기 동물들을 어떻게 보호해야 하는지 일깨워 줘요.

➡ 많은 도시와 나라의 동물원에서는 침팬지들이 사는 공간을 더 넓고 활동하기 좋게 만들었어요.

➡ 세계는 침팬지와 인간이 얼마나 비슷한지에 대해 점점 더 많이 주목하고 있어요. 제인이 발견한 것들로 인해 사람들은 이런 동물들을 보호하게 되었어요. 제인은 나이가 많이 들었지만 여전히 침팬지 이야기를 함께 나누고 침팬지와 멸종 위기 동물들을 보호하기 위한 기금을 모금하러 다니고 있어요.

## 깊이 생각하기

### 한 걸음 더!

지금부터 제인이 한 일과 용기가 우리가 살고 있는 세계에 어떤 영향을 미쳤는지 조금 더 생각해 봅시다.

- 제인의 연구와 관심은 침팬지와 다른 동물들이 살아남는 데 어떤 도움을 주었나요?

- 꿈을 이루기 위한 제인의 노력은 여러분이 힘든 시기를 이겨 내는 데 어떤 도움이 될까요?

- 제인은 침팬지와 어떻게 친해졌나요? 여러분은 동물과 어떻게 친해지나요? 여러분은 이름을 지어 준 동물이 있나요? 그 동물이 어떤 성격을 가졌는지 알고 있나요?

# 낱말 풀이

**DNA** 각각의 인간, 식물 또는 동물 세포에 들어 있는 물질로 각각의 생김새와 기능을 가능하게 함.

**고생물학** 화석이나 바위에 남은 고대 생물의 흔적들에 대해 연구하는 학문.

**공격적** 적을 치기 위하여 앞으로 나아가는 것.

**관찰력** 사물이나 현상을 주의 깊게 살펴보는 능력.

**동물 행동학** 동물들이 어떻게 행동하는지, 특히 어디에 사는지에 대한 연구.

**말라리아** 모기가 퍼뜨리는 위험한 질병으로, 고열, 근육통, 피로감을 일으키며 심하면 죽을 수도 있는 감염병(학질모기에게 물려서 감염되는 법정 감염병).

**멸종** 동물이나 식물의 한 종류가 완전히 사라지는 것.

**멸종 위기종** 가까운 미래에 완전히 사라질 위험이 높은 야생 생물.

**밀렵꾼** 불법으로 야생 동물을 사냥하거나 잡는 사람.

**박사 학위** 대학원의 박사 과정을 마치고 규정된 절차를 밟은 사람에게 수여하는 최고의 학위.

**보존** 식물이나 동물 또는 자연의 다른 요소들에 대한 보호 관리.

**서식지** 식물이나 동물 등 생명체가 일정한 곳에 자리를 잡고 사는 곳.

**소아마비** 고열, 복통 등과 팔다리 통증을 일으키는 질병으로 다리가 마비되기도 함.

**연구** 어떤 이치나 사실을 밝히려고 사물에 대하여 넓고 깊게 공부하는 것

**열대 우림** 일 년 내내 기온이 높고 폭우가 쏟아지는 열대 지역의 울창한 나무들의 숲.

**영장류 동물학자** 고릴라, 오랑우탄, 침팬지, 여우원숭이 같은 영장류를 연구하고 생물학, 의학, 인류학, 동물학 분야에서 일하는 사람.

**위장** 본래의 모습이나 정체가 드러나지 않도록 거짓으로 꾸미거나 숨김.

**인류학** 인간과 인간의 행동에 대한 연구.

**잡식성 동물** 동물성 먹이나 식물성 먹이를 모두 먹는 동물.

**전보** 전신을 통해 간단한 내용을 빨리 보내는 일 또는 그 내용.

**특성** 어떤 사람이나 동물을 다른 사람들이나 동물과 구별해 주는 그것에만 있는 특수한 성질.

**활동가** 매우 중요하게 여기는 것에 변화를 가져오기 위해 적극적으로 일하는 사람.

**획기적** 어떤 과정이나 분야에서 이전에 이루어졌거나 보았거나 만들어진 적이 없는 새로운 시기를 열 정도로 뚜렷이 구분되는 것.

THE STORY OF JANE GOODALL by Susan B. Katz, Illustrated by Lindsay Dale Scott
Text © 2020 by Callisto Media, Inc.
Illustrations © 2020 Lindsay Dale Scott; Creative Market/Semicircular, pp.3, 10, 13, 27, 34, 37; Shutterstock/Tinseltown, p. 45; Alamy Stock Photo/Danita Delimont, p.47; Getty Images/ Popperfoto, p.48.
All rights reserved.
First published in English by Rockridge Press, an imprint of Callisto Media, Inc.
This Korean edition was published by Kyohak Publishing Co., Ltd. in 2023
by arrangement with Callisto Media Inc. through KCC(Korea Copyright Center Inc.), Seoul.

이 책은 ㈜한국저작권센터(KCC)를 통한 저작권자와의 독점계약으로 ㈜교학사/함께자람에서 출간되었습니다.
저작권법에 의해 한국 내에서 보호를 받는 저작물이므로 무단전재와 복제를 금합니다

꿈을 이룬 인물 탐구 2

# 제인 구달
## 동물 보호에 앞장서다

2023년 11월 30일 초판 1쇄 발행

| | |
|---|---|
| **글쓴이** | 수잔 카츠 |
| **그린이** | 린제이 데일 스콧 |
| **옮긴이** | 양진희 |
| **펴낸이** | 양진오 |
| **펴낸데** | ㈜교학사 |
| **주 소** | 서울특별시 마포구 마포대로 14길 4 |
| **전 화** | 영업 (02) 707-5147 편집 (02) 707-5350 |
| **등 록** | 1962년 6월 26일 (18-7) |
| **편 집** | 조선희, 권보선, 신희채 |

ISBN 978-89-09-55088-8 74840
       978-89-09-55086-4 (세트)

잘못 만들어진 책은 구입하신 서점에서 바꾸어 드립니다.
이 책 내용의 전부 또는 일부를 재사용하려면 반드시 지은이와 ㈜교학사 양측의 동의를 받아야 합니다.
⚠**주의** 책 모서리가 날카로우니 떨어뜨리지 않도록 주의하시고, 책장을 넘길 때 베이지 않도록 주의하시기 바랍니다.(사용 연령:만 8세 이상)

함께자람은 ㈜교학사의 유아·어린이 책 브랜드입니다.